In the Shadow of the Oak And Other Bilingual German-English Stories

Pomme Bilingual

Published by Pomme Bilingual, 2024.

While every precaution has been taken in the preparation of this book, the publisher assumes no responsibility for errors or omissions, or for damages resulting from the use of the information contained herein.

IN THE SHADOW OF THE OAK AND OTHER BILINGUAL GERMAN-ENGLISH STORIES

First edition. November 11, 2024.

Copyright © 2024 Pomme Bilingual.

ISBN: 979-8227776679

Written by Pomme Bilingual.

Table of Contents

Der Duft der Kaffeerösterei

In einem kleinen bayerischen Dorf, eingebettet zwischen sanften Hügeln und blühenden Feldern, liegt die Kaffeerösterei Müller. Seit Jahrzehnten erfüllt der Duft frisch gerösteter Bohnen den Marktplatz und zieht die Dorfbewohner an. Jetzt, nach dem Tod ihres Großvaters Wilhelm Müller, übernimmt Anna Müller die Rösterei.

Anna, die viele Jahre in München gelebt hatte, kehrte nach dem Anruf ihrer Mutter ins Dorf zurück. Die Kaffeerösterei war für sie als Kind ein magischer Ort gewesen, ein Ort voller Wärme und Geschichten, die ihr Großvater ihr erzählte. Doch in den letzten Jahren hatte sie sich vom Dorfleben entfernt und war in das hektische Leben der Stadt eingetaucht.

Die Übernahme der Rösterei fiel Anna schwerer als gedacht. Die Maschinen waren alt und die Abläufe fremd. Doch sie beschloss, das Erbe ihres Großvaters weiterzuführen. Jeden Morgen öffnete sie die Türen der kleinen Rösterei, stellte den großen Röster an und füllte den Raum mit dem vertrauten, beruhigenden Aroma von Kaffee.

Eines Tages, während sie in der alten Werkstatt ihres Großvaters aufräumte, stieß sie auf eine verstaubte Kiste voller Briefe. Sie waren fein säuberlich mit einer schwungvollen Handschrift beschriftet und an „Emil" gerichtet. Neugierig begann Anna zu lesen. Die Briefe stammten aus den späten 1950er Jahren und erzählten die Geschichte einer tiefen Freundschaft zwischen ihrem Großvater Wilhelm und einem örtlichen Künstler namens Emil Bauer.

Wilhelm und Emil hatten sich regelmäßig getroffen, um bei einer Tasse Kaffee über das Leben zu sprechen. Die Briefe verrieten eine unerfüllte Liebe, die Wilhelm für Emils Schwester, Clara, hegte. Doch aus Respekt vor der Freundschaft mit Emil hatte Wilhelm seine Gefühle nie ausgesprochen. Die Briefe berührten Anna zutiefst, und sie spürte eine neue Verbindung zu ihrem Großvater.

In den folgenden Tagen fragte Anna die älteren Dorfbewohner nach Emil Bauer und seiner Familie. Schließlich fand sie heraus, dass Emils Enkel, Lukas Bauer, ein junger Fotograf, in einem Nachbardorf lebte. Neugierig und getrieben von dem Wunsch, mehr über die Geschichte zu erfahren, suchte Anna ihn auf.

Lukas war überrascht, von den Briefen zu hören, die Wilhelm an seinen Großvater geschrieben hatte. Gemeinsam lasen sie die verbliebenen Briefe in der Rösterei, und es entstand eine zarte Verbindung zwischen den beiden, eine Verbindung, die aus der gemeinsamen Liebe zur Vergangenheit und zur Kunst geboren wurde.

Mit der Zeit entwickelte sich zwischen Anna und Lukas eine tiefe Freundschaft. Gemeinsam beschlossen sie, die Traditionen der Rösterei zu bewahren und gleichzeitig neue Ideen einzubringen. Lukas schlug vor, eine kleine Galerie in der Rösterei einzurichten, in der sie Werke lokaler Künstler ausstellen könnten – ganz so, wie Wilhelm und Emil es sich einst gewünscht hatten.

An einem sonnigen Herbstnachmittag, als der Duft der frisch gerösteten Kaffeebohnen die Luft erfüllte, eröffneten Anna und Lukas die Galerie. Die Dorfbewohner strömten herbei, um die Kunstwerke zu bewundern und eine Tasse Kaffee zu genießen. Die Rösterei war erfüllt von Lachen und Gesprächen, und Anna spürte, dass der Geist ihres Großvaters in diesem Moment lebendig war.

Die Kaffeerösterei Müller blühte wieder auf, und Anna wusste, dass sie ihren Platz im Dorf und im Leben ihres Großvaters gefunden hatte. Die Briefe, die Freundschaft, die sie mit Lukas geteilt hatte, und die Wärme der Gemeinschaft gaben ihr ein Gefühl von Zugehörigkeit, das sie zuvor nie gekannt hatte.

The Aroma of the Coffee Roastery

In a small Bavarian village, nestled between gentle hills and blooming fields, lies the Müller coffee roastery. For decades, the scent of freshly roasted beans has filled the market square, drawing in the villagers. Now, after the passing of her grandfather, Wilhelm Müller, Anna Müller takes over the roastery.

Having spent many years in Munich, Anna returned to the village after receiving a call from her mother. The coffee roastery had been a magical place for her as a child—a warm spot filled with stories her grandfather used to tell. However, in recent years, she had distanced herself from village life, immersing herself in the bustling city.

Taking over the roastery proved to be more challenging for Anna than she had anticipated. The machines were old, and the processes felt foreign. Yet, she resolved to carry on her grandfather's legacy. Every morning, she opened the doors of the little roastery, started the large roaster, and filled the room with the familiar, comforting aroma of coffee.

One day, while cleaning out her grandfather's old workshop, Anna stumbled upon a dusty box full of letters. They were neatly labeled in an elegant handwriting, addressed to "Emil." Curious, she began to read. The letters were from the late 1950s and told the story of a deep friendship between her grandfather, Wilhelm, and a local artist named Emil Bauer.

Wilhelm and Emil would regularly meet over a cup of coffee to talk about life. The letters revealed an unspoken love Wilhelm had for Emil's sister, Clara. Out of respect for his friendship with Emil, Wilhelm had never expressed his feelings. The letters touched Anna deeply, and she felt a new connection to her grandfather.

In the following days, Anna asked the older villagers about Emil Bauer and his family. Eventually, she learned that Emil's grandson, Lukas Bauer, a young photographer, lived in a neighboring village. Curious and eager to learn more about the story, Anna sought him out.

Lukas was surprised to hear about the letters that Wilhelm had written to his grandfather. Together, they read the remaining letters in the roastery, and a delicate bond began to form between them—a connection born from their shared love for the past and the arts.

As time passed, a deep friendship blossomed between Anna and Lukas. Together, they decided to preserve the traditions of the roastery while introducing new ideas. Lukas suggested setting up a small gallery in the roastery to showcase the works of local artists—just as Wilhelm and Emil had once envisioned.

On a sunny autumn afternoon, as the aroma of freshly roasted coffee beans filled the air, Anna and Lukas opened the gallery. The villagers flocked to admire the artworks and enjoy a cup of coffee. The roastery was alive with laughter and conversation, and Anna felt that her grandfather's spirit was alive in that moment.

The Müller coffee roastery thrived once more, and Anna knew she had found her place in the village and in her grandfather's life. The letters, the friendship she shared with Lukas, and the warmth of the community gave her a sense of belonging she had never known before.

Der Theaterdirektor

Berlin, Herbst 1982. Jürgen Krause, ein renommierter Theaterregisseur, steht im halbdunklen Theater und blickt auf die Bühne. Seine neue Produktion, „Schatten der Schuld," spielt in der Zeit nach dem Zweiten Weltkrieg und beleuchtet die moralischen Konflikte und Verwerfungen einer Nation im Wiederaufbau. Für Jürgen ist es mehr als ein Stück – es ist eine Art Katharsis, ein Versuch, sich mit der Vergangenheit seines eigenen Vaters, der im Krieg als Soldat diente, auseinanderzusetzen.

Doch diesmal ist das Theater nicht nur sein Rückzugsort, sondern auch ein Schlachtfeld, auf dem persönliche und künstlerische Konflikte ausgetragen werden. Denn sein Sohn, Daniel, ein talentierter, aber unberechenbarer Schauspieler, übernimmt die Hauptrolle. Daniel sieht das Stück anders als sein Vater. Während Jürgen es als eine reflektierende Auseinandersetzung mit Schuld und Vergebung inszenieren will, fordert Daniel, die Geschichte radikaler und kritischer zu gestalten. Er sieht in der Produktion die Chance, Themen wie Scham und Verantwortung laut und ungeschönt aufzuzeigen, ganz im Gegensatz zu Jürgens vorsichtiger, fast melancholischer Interpretation.

„Du weichst aus, Vater," sagt Daniel eines Abends nach der Probe, als die beiden im leeren Theater sitzen. „Du umgehst den

Kern der Wahrheit. Du willst, dass das Publikum mitfühlt, aber du erzählst ihnen nicht, was wirklich passiert ist."

Jürgen starrt lange auf die leeren Sitzreihen. Er weiß, was sein Sohn meint, und er weiß auch, dass er Recht hat. Aber seine eigene Beziehung zur Geschichte ist kompliziert. Seine Kindheit war geprägt von Schweigen und Verdrängung, seine Eltern sprachen kaum über die Jahre des Krieges. Die Geschichten, die ihm sein Vater nicht erzählte, blieben in seinem Kopf als dunkle Schatten, die ihn bis heute verfolgen.

„Man kann das Publikum nicht nur mit Wut erschlagen, Daniel," entgegnet Jürgen schließlich. „Es muss auch Raum für Verständnis und Vergebung geben. Sonst bleiben nur Zerstörung und Hass zurück."

Doch Daniel lässt sich nicht überzeugen. Für ihn ist die Bühne der Ort, an dem die Wahrheit, auch die schmerzhafteste, ausgesprochen werden muss – ohne Rücksicht auf Empfindlichkeiten. Die beiden geraten in heftigen Streit, bei dem alte Wunden aufreißen. Es ist, als hätten die ungelösten Konflikte der Vergangenheit eine Stimme gefunden, die sich zwischen Vater und Sohn erhebt.

In den Wochen vor der Premiere wird die Spannung zwischen Jürgen und Daniel fast unerträglich. Die anderen Schauspieler spüren die Kluft zwischen den beiden, und das Stück selbst scheint unter dem inneren Zerwürfnis zu leiden. Während Jürgen darauf beharrt, dass das Theater ein Ort der Heilung und Versöhnung sein sollte, besteht Daniel darauf, dass es der Ort ist, an dem die dunkle Wahrheit ans Licht kommt.

Eines Abends, kurz vor der Generalprobe, bringt Daniel ein altes, vergilbtes Foto mit auf die Bühne. Es zeigt Jürgens Vater, Daniels Großvater, in Uniform, mit einem steinernen Gesichtsausdruck. „Er war dabei, oder?" fragt Daniel leise. „Er hat all das gesehen und vielleicht getan. Und trotzdem habt ihr alle geschwiegen."

Jürgen schluckt und wendet den Blick ab. Es ist das erste Mal, dass sein Sohn ihn direkt darauf anspricht. Das Schweigen, das immer wie eine unsichtbare Mauer zwischen ihnen stand, scheint nun durch Daniels Worte zu brechen. In diesem Moment begreift Jürgen, dass er seinem Sohn nie die Chance gegeben hat, die Last der Vergangenheit zu verstehen – die Last, die auch auf ihm selbst seit Jahrzehnten ruht.

Die Premiere wird ein Erfolg, aber der Applaus hallt für Jürgen wie ein fernes Echo. In einer entscheidenden Szene, in der Daniels Charakter den alten Mann – eine Figur, die symbolisch für die alte Generation steht – zur Rede stellt, spürt Jürgen, dass Daniel auch ihm Fragen stellt, die er nicht beantworten kann. Der Vorhang fällt, das Publikum applaudiert, und Jürgen weiß, dass das Stück eine neue Bedeutung gewonnen hat – eine, die er selbst nicht ganz erfasst.

In der stillen Garderobe nach der Aufführung begegnen sich Vater und Sohn erneut. „Ich wollte dir nicht wehtun," sagt Jürgen leise. „Aber ich weiß jetzt, dass es notwendig war."

Daniel nickt nur. Es ist kein Moment des Friedens, aber ein Moment des Verständnisses. Beide erkennen, dass die Wunden der Vergangenheit nicht so leicht heilen und dass das Theater der einzige Ort war, an dem sie einander wirklich begegnen konnten.

Jürgen verlässt das Theater mit einem Gefühl der Erschöpfung und Erleichterung. Er weiß, dass die Wahrheit kompliziert und schwer ist – aber sie gehört ihnen beiden, Vater und Sohn, und sie wird sie für immer verbinden.

The Theater Director

Berlin, Autumn 1982. Jürgen Krause, a renowned theater director, stands in the dim light of the theater, gazing at the stage. His new production, "Shadows of Guilt," takes place in the aftermath of World War II, exploring the moral conflicts and upheavals of a nation in reconstruction. For Jürgen, it is more than just a play; it is a form of catharsis, an attempt to confront the past of his own father, who served as a soldier during the war.

However, this time, the theater is not just a sanctuary for him; it has become a battleground for personal and artistic conflicts. His son, Daniel, a talented yet unpredictable actor, has taken on the lead role. Daniel interprets the play differently than his father. While Jürgen intends to stage it as a reflective exploration of guilt and forgiveness, Daniel demands a more radical and critical portrayal. He sees the production as an opportunity to expose themes of shame and responsibility in a raw and unfiltered manner, starkly contrasting Jürgen's cautious, almost melancholic interpretation.

"You're avoiding it, Father," Daniel says one evening after rehearsal, as they sit in the empty theater. "You're skirting the core of the truth. You want the audience to empathize, but you're not telling them what really happened."

Jürgen stares for a long time at the empty seats. He knows what his son means, and he knows he's right. But his own relationship with history is complicated. His childhood was marked by silence and repression; his parents rarely spoke of the war years. The stories his father never told him lingered in his mind like dark shadows, haunting him to this day.

"You can't just bludgeon the audience with anger, Daniel," Jürgen finally replies. "There must also be space for understanding and forgiveness. Otherwise, all that remains is destruction and hate."

But Daniel is unconvinced. For him, the stage is where the truth—no matter how painful—must be spoken without regard for sensitivities. The two engage in a heated argument, old wounds reopening. It's as if the unresolved conflicts of the past have found a voice that rises between father and son.

In the weeks leading up to the premiere, the tension between Jürgen and Daniel becomes almost unbearable. The other actors sense the rift, and the play itself seems to suffer under their internal discord. While Jürgen insists that theater should be a place of healing and reconciliation, Daniel argues that it is where the dark truths must come to light.

One evening, just before the dress rehearsal, Daniel brings an old, yellowed photograph to the stage. It shows Jürgen's father, Daniel's grandfather, in uniform, with a stony expression. "He was there, wasn't he?" Daniel asks quietly. "He saw it all and maybe did things too. And yet, you all remained silent."

Jürgen swallows hard and turns his gaze away. It is the first time his son has directly confronted him about it. The silence that had always stood like an invisible wall between them seems to crack under Daniel's words. In that moment, Jürgen realizes that he has never given his son the chance to understand the burden of the past—the burden that has weighed on him for decades.

The premiere is a success, but the applause echoes for Jürgen like a distant memory. In a pivotal scene, where Daniel's character confronts the old man—a figure symbolizing the older generation—Jürgen feels that Daniel is asking him questions he cannot answer. The curtain falls, the audience applauds, and Jürgen knows that the play has taken on new significance—one that he cannot fully grasp.

In the quiet dressing room after the performance, father and son meet again. "I didn't mean to hurt you," Jürgen says softly. "But I see now that it was necessary."

Daniel simply nods. It is not a moment of peace, but rather one of understanding. Both recognize that the wounds of the past are not easily healed and that the theater was the only place where they could truly encounter one another.

Jürgen leaves the theater feeling a mix of exhaustion and relief. He knows that the truth is complex and heavy—but it belongs to both of them, father and son, and it will forever bind them together.

Im Schatten der Eiche

Der Morgennebel legte sich wie ein zarter Schleier über den Schwarzwald, und die ersten Sonnenstrahlen kämpften sich durch das dichte Laub, tauchten den Wald in ein sanftes, goldenes Licht. Margarete, eine ältere Frau mit sanftem, wachen Blick, schritt langsam den schmalen Pfad entlang, der zu ihrer alten Eiche führte. Diese Eiche, die mitten im Herzen des Waldes stand, war ihr Zufluchtsort geworden, ein stummer Zeuge ihrer Erinnerungen, ihrer Freude, ihrer Trauer.

Sie blieb stehen und legte eine Hand auf die raue Rinde des Baumes, ließ ihre Finger über die tiefe Maserung gleiten. Es war fast so, als könnte sie durch das Holz die Jahresringe spüren, die Geschichte des Baumes, der so viel länger gelebt hatte als sie. Doch heute fühlte sie sich besonders verbunden mit ihm, als ob ihre Geschichten miteinander verwoben wären.

Margarete schloss die Augen und ließ die Erinnerungen an ihren Ehemann, Friedrich, vor ihrem inneren Auge aufsteigen. Sie erinnerte sich an die Wärme seiner Stimme, das vertraute Lachen und die stillen Momente, die sie gemeinsam verbracht hatten. Ihre Ehe war kein Märchen gewesen – es gab Zeiten des Zorns, der Missverständnisse. Aber es waren auch Zeiten der Zärtlichkeit, der tiefen Verbundenheit, die wie die Wurzeln dieses Baumes waren: unsichtbar, aber fest verankert im Boden.

In den letzten Jahren, seit Friedrichs Tod, hatte Margarete den Wald oft besucht, als wäre er der letzte lebendige Teil ihrer Ehe, den sie noch berühren konnte. Sie erinnerte sich an die frühen Jahre, als sie und Friedrich jung und ungestüm waren, voller Träume und Pläne. Sie hatten damals davon geträumt, ein Haus am Waldrand zu bauen, ein Zuhause, das vom Rauschen der Bäume und dem Zwitschern der Vögel erfüllt wäre. Doch das Leben, wie sie es sich so oft vor Augen geführt hatte, folgte selten dem Plan, und mit der Zeit hatte sie gelernt, diese Abweichungen zu akzeptieren.

Margaretes Gedanken trieben weiter zurück in die Kindheit, als sie barfuß durch diesen Wald gelaufen war, neugierig und frei, sich der Gefahren nicht bewusst, die sich hinter den Schatten verbargen. Damals hatte sie gelernt, den Wald als Freund zu sehen, als Beschützer. Und nun, so viele Jahre später, war er zu ihrem letzten Vertrauten geworden, einem stillen Begleiter, der all ihre Geheimnisse kannte und all ihre Sorgen in seinen tiefen Schatten begrub.

Manchmal verschwammen ihre Erinnerungen mit ihren Träumen. Sie sah Friedrich in der Ferne, wie er sich über das knisternde Lagerfeuer beugte, das sie bei einem ihrer ersten gemeinsamen Waldspaziergänge entfacht hatten. In ihrem Traum war seine Gestalt klar und lebendig, und sein Lächeln war so echt, dass sie glaubte, seine Hand auf ihrer Wange spüren zu können. Doch als sie die Augen öffnete, sah sie nur die Eiche, ihre Äste, die sich wie Arme ausstreckten, um sie zu trösten, zu umarmen.

Margarete spürte die Stille des Waldes, die sie einhüllte, aber es war keine bedrückende Stille, sondern eine, die sie an die Beständigkeit der Natur erinnerte, an die Zyklen des Lebens, die

Wiederkehr des Frühlings nach dem kalten Winter. Der Wald, diese Eiche – sie waren Zeugen des Vergänglichen und des Ewigen zugleich, genau wie sie selbst.

In einem Moment tiefer Klarheit begriff sie, dass sie trotz ihrer Einsamkeit nicht allein war. Der Wald, die Eiche – sie waren mit ihr gewachsen, hatten die Jahre und die Stürme überstanden, hatten sich verändert, genau wie sie. Sie erkannte, dass die Erinnerungen an Friedrich und die Liebe, die sie für ihn empfunden hatte, niemals wirklich verloren gehen würden. Sie waren in ihr verwurzelt, genauso wie die Eiche ihre Wurzeln tief in die Erde gegraben hatte.

Ein leichter Wind strich durch die Äste, und Margarete spürte, wie eine unerklärliche Ruhe sie erfüllte. Vielleicht, dachte sie, war es an der Zeit, diese Erinnerungen loszulassen, nicht in dem Sinne, sie zu vergessen, sondern sie dem Wald zu überlassen, als Teil des ewigen Kreislaufs des Lebens. Sie lächelte sanft und atmete tief ein, den Duft von Erde und Moos in ihren Lungen.

Als sie schließlich den Pfad zurück zum Dorf einschlug, fühlte sie sich leichter, als hätte sie einen Teil ihrer Trauer im Schatten der Eiche zurückgelassen. Der Wald würde sie bewahren, die Erinnerungen, die Liebe, die sie empfand. Und während die Blätter im sanften Wind rauschten, wusste Margarete, dass sie immer einen Teil von sich hier gelassen hatte, bei der Eiche, ihrem stillen Begleiter, ihrem ewigen Vertrauten.

In the Shadow of the Oak

The morning mist lay like a delicate veil over the Black Forest, and the first rays of sunlight fought their way through the dense foliage, bathing the woods in a gentle, golden light. Margarete, an older woman with a soft, watchful gaze, walked slowly along the narrow path that led to her old oak tree. This oak, standing in the heart of the forest, had become her refuge, a silent witness to her memories, her joys, and her sorrows.

She stopped and placed a hand on the rough bark of the tree, letting her fingers glide over its deep grooves. It was almost as if she could feel through the wood the tree's growth rings, the story of a being that had lived far longer than she. Yet today, she felt especially connected to it, as if their stories were woven together.

Margarete closed her eyes and let the memories of her husband, Friedrich, rise before her mind's eye. She recalled the warmth of his voice, the familiar laughter, and the quiet moments they had shared. Their marriage had not been a fairy tale—there had been times of anger, misunderstandings. But there had also been times of tenderness, of deep connection, like the roots of this tree: invisible, yet firmly anchored in the ground.

In the years since Friedrich's death, Margarete had often visited the forest, as if it were the last living part of their marriage that she could still touch. She remembered the early years when she and Friedrich were young and impetuous, filled with dreams and plans. They had dreamed of building a house on the edge of the woods, a home filled with the rustling of leaves and the songs of birds. Yet life, as it often does, rarely followed the plan, and over time she had learned to accept these deviations.

Margarete's thoughts drifted further back to her childhood, when she had run barefoot through these woods, curious and free, unaware of the dangers lurking in the shadows. Back then, she had learned to see the forest as a friend, as a protector. And now, so many years later, it had become her last confidant, a silent companion who knew all her secrets and buried her worries in its deep shadows.

Sometimes, her memories blurred with her dreams. She saw Friedrich in the distance, bending over the crackling campfire they had lit on one of their first walks together in the woods. In her dream, his figure was clear and alive, and his smile so real that she believed she could feel his hand on her cheek. But when she opened her eyes, she saw only the oak, its branches stretching like arms to comfort and embrace her.

Margarete felt the silence of the forest envelop her, but it was not a suffocating silence; rather, it reminded her of the permanence of nature, of the cycles of life, the return of spring after the cold winter. The forest, this oak—they were witnesses to the ephemeral and the eternal, just as she was.

In a moment of profound clarity, she realized that despite her solitude, she was not alone. The forest, the oak—they had grown with her, weathered the years and the storms, changed just as she had. She understood that the memories of Friedrich and the love she had felt for him would never truly fade. They were rooted in her, just as the oak had buried its roots deep in the earth.

A gentle breeze brushed through the branches, and Margarete felt an inexplicable calm wash over her. Perhaps, she thought, it was time to let go of these memories—not in the sense of forgetting, but to relinquish them to the forest as part of the eternal cycle of life. She smiled softly and took a deep breath, inhaling the scent of earth and moss.

As she finally turned back down the path toward the village, she felt lighter, as if she had left a piece of her sorrow in the shadow of the oak. The forest would keep her memories, the love she had cherished. And as the leaves rustled gently in the wind, Margarete knew that she had always left a part of herself here, with the oak, her silent companion, her eternal confidant.

Die Versammlung der Fremden

Es war ein warmer Herbstabend, und die Lichter des Oktoberfests funkelten in der Dunkelheit wie Sterne. Der Geruch von gebratenem Fleisch, süßem Lebkuchen und frisch gezapftem Bier lag in der Luft, und die Musik der Blaskapelle mischte sich mit dem Lachen und den Stimmen der Feiernden. An einem langen Holztisch im Biergarten, zwischen unzähligen Menschen aus aller Welt, fanden sich sieben Fremde zusammen, die sich zuvor nie begegnet waren.

Da war Maria, eine junge Spanierin mit lockigem Haar und lebhaften Augen, die zum ersten Mal nach Deutschland gereist war, um das berühmte Fest zu erleben. Neben ihr saß Thomas, ein älterer Münchner mit buschigem Schnurrbart und einer ruhigen Gelassenheit, die ihm das Leben gelehrt hatte. Dann war da noch Azim, ein Syrer, der erst vor wenigen Jahren in Deutschland eine neue Heimat gefunden hatte. Er trug ein kleines, bescheidenes Lächeln, als ob er sich immer noch an die Freiheit gewöhnte, die er hier erlangt hatte.

Die anderen am Tisch waren unterschiedlich wie die Farben im Regenbogen. Li Wei, eine junge Chinesin, die in Berlin als Studentin lebte, ließ den festlichen Trubel fasziniert auf sich wirken. Felix, ein Amerikaner mit deutschem Großvater, war auf einer Spurensuche in die Vergangenheit seiner Familie gekommen. Katja, eine Polin mit feurigen roten Haaren, die seit Jahren in Deutschland arbeitete, und schließlich Pierre, ein

Franzose mit dem unverwechselbaren Charme eines Poeten, rundeten die ungewöhnliche Runde ab.

Der Abend begann mit höflichen Begrüßungen und schüchternen Lächeln. Doch nach den ersten Krügen Bier und einem gemeinsamen „Prost!" lösten sich die Zungen und die Geschichten begannen, sich wie ein bunter Teppich zu entfalten.

„Wisst ihr," begann Maria, als sie ihr Glas hob, „ich habe immer davon geträumt, eines Tages hier zu sein. Die Deutschen lieben das Feiern genauso wie wir Spanier!" Sie erzählte von ihren Großeltern, die einst die harte Arbeit auf einem kleinen Bauernhof in Andalusien verrichteten und wie ihre Mutter nachts unter den Sternen sang, um sich an die Schönheit des Lebens zu erinnern.

Thomas nickte und ließ seinen Blick über die anderen schweifen. „Weißt du, Maria," begann er mit rauer Stimme, „das erinnert mich an meine Mutter. Sie kam aus einem kleinen bayerischen Dorf, und ich denke, sie hätte es genossen, hier mit euch allen zu sitzen. Manchmal geht es weniger um die Herkunft, sondern mehr um das gemeinsame Erleben."

Azim lächelte sacht und sprach in gebrochenem Deutsch, aber mit viel Wärme in der Stimme: „In Syrien hätten wir auch Feste, wie hier, mit Musik und Tanz. Doch manchmal – manchmal bricht alles zusammen." Die anderen hörten zu, und ein kurzer Moment der Stille trat ein, während Azim weiterredete. „Deutschland ist jetzt mein neues Zuhause. Hier habe ich gelernt, das Leben zu feiern, ohne Angst."

Li Wei strahlte ihn an und erzählte dann von ihrer Kindheit in einem kleinen Dorf in China, wo ihre Eltern hart arbeiteten, um sie aufs College zu schicken. „Meine Familie hatte nie viel, aber sie gaben alles für meine Ausbildung. Und nun bin ich hier, tausende Kilometer von Zuhause entfernt, und manchmal frage ich mich, was ich hier wirklich suche."

Felix, der Amerikaner, der in Gedanken verloren wirkte, rieb sich das Kinn und sagte schließlich: „Ich bin hergekommen, um mehr über meinen Großvater zu erfahren. Er hat nie viel über Deutschland gesprochen, aber irgendwie habe ich das Gefühl, dass ich ein Stück von ihm hier finden werde." Er schaute sich um, als ob er die Antwort auf diese Suche in den Gesichtern der anderen finden könnte.

Katja, die bis dahin leise zugehört hatte, lachte plötzlich laut auf. „Ihr sucht alle irgendwas!" rief sie mit einem zwinkernden Blick. „Ich kam hierher, um Arbeit zu finden. Die Geschichten über den deutschen Fleiß? Die sind wahr! Aber ich habe auch Freunde gefunden, und am Ende ist das das Wichtigste."

Pierre hob sein Glas und lächelte. „In Frankreich sagt man, dass das Leben eine Bühne ist, und wir alle sind Schauspieler. Doch heute Abend, hier am Tisch mit euch allen, fühle ich mich mehr wie ein Zuschauer, der das wahre Theater des Lebens beobachten darf."

Der Abend verging, und mit jedem Glas Bier, mit jedem Lachen und jeder geteilten Geschichte wuchs das Gefühl der Verbundenheit zwischen den sieben Fremden. Sie waren so unterschiedlich, und doch verstanden sie sich auf eine Art, die keine Worte wirklich ausdrücken konnten. Es waren die gemeinsamen Erfahrungen, die geteilten Verluste, die Hoffnungen und Träume, die ihre Herzen berührten.

Als die Nacht schließlich zu Ende ging, standen sie auf, tauschten Umarmungen und versprachen, sich wiederzusehen, auch wenn jeder wusste, dass das Oktoberfest sie wohl nie wieder auf diese Weise zusammenführen würde. Doch jeder von ihnen würde den Abend in Erinnerung behalten, als einen Moment, in dem die Grenzen von Sprache und Herkunft verschwammen und sie für ein paar Stunden einfach nur Menschen waren – vereint im Fest des Lebens.

The Gathering of Strangers

It was a warm autumn evening, and the lights of the Oktoberfest twinkled in the darkness like stars. The aromas of roasted meats, sweet gingerbread, and freshly tapped beer filled the air, while the sound of the brass band mingled with the laughter and voices of the revelers. At a long wooden table in the beer garden, amidst countless people from all over the world, seven strangers gathered who had never met before.

There was Maria, a young Spaniard with curly hair and lively eyes, visiting Germany for the first time to experience the famous festival. Next to her sat Thomas, an older Munich native with a bushy mustache and a calm demeanor that life had taught him. Then there was Azim, a Syrian who had found a new home in Germany just a few years ago. He wore a small, humble smile, as if he was still getting used to the freedom he had gained here.

The others at the table were as diverse as the colors of a rainbow. Li Wei, a young Chinese woman living in Berlin as a student, watched the festive bustle with fascination. Felix, an American with a German grandfather, had come on a quest to trace his family's past. Katja, a Polish woman with fiery red hair who had worked in Germany for years, and finally Pierre, a Frenchman with the unmistakable charm of a poet, completed the unusual gathering.

The evening began with polite greetings and shy smiles. However, after the first mugs of beer and a collective "Prost!", the conversations flowed, and the stories began to unfold like a colorful tapestry.

"You know," Maria began, raising her glass, "I've always dreamed of being here one day. The Germans love to celebrate just like us Spaniards!" She shared tales of her grandparents who had once toiled on a small farm in Andalusia, and how her mother would sing under the stars at night to remind herself of life's beauty.

Thomas nodded, letting his gaze wander over the others. "You know, Maria," he began in a gravelly voice, "that reminds me of my mother. She came from a small Bavarian village, and I think she would have enjoyed sitting here with all of you. Sometimes it's less about where you come from and more about the experiences we share."

Azim smiled softly and spoke in broken German, but with warmth in his voice: "In Syria, we would also have festivals like this, with music and dance. But sometimes—sometimes everything falls apart." The others listened intently, and a brief moment of silence settled as Azim continued. "Germany is my new home now. Here, I've learned to celebrate life without fear."

Li Wei beamed at him and then shared about her childhood in a small village in China, where her parents worked hard to send her to college. "My family never had much, but they gave everything for my education. And now I'm here, thousands of kilometers from home, and sometimes I wonder what I'm really looking for."

Felix, the American who seemed lost in thought, rubbed his chin and finally said, "I came here to learn more about my grandfather. He never spoke much about Germany, but somehow I feel like I will find a piece of him here." He glanced around as if searching for the answer to his quest in the faces of the others.

Katja, who had been listening quietly until now, suddenly burst into laughter. "You're all looking for something!" she exclaimed with a playful wink. "I came here to find work. The stories about German diligence? They're true! But I've also found friends, and in the end, that's what matters most."

Pierre raised his glass and smiled. "In France, we say that life is a stage, and we are all actors. But tonight, here at this table with all of you, I feel more like an audience member, watching the true theater of life unfold."

The evening wore on, and with each glass of beer, each laugh, and every shared story, the sense of connection between the seven strangers grew. They were so different, yet they understood each other in a way that words could never truly express. It was the shared experiences, the common losses, the hopes, and dreams that touched their hearts.

As the night finally came to an end, they stood up, exchanged hugs, and promised to see each other again, even though each of them knew that the Oktoberfest might never bring them together in this way again. Yet each would carry the memory of the evening—a moment when the boundaries of language and origin blurred, and for a few hours, they were simply human—united in the celebration of life.

Das Haus am See

Das kleine Städtchen Meersburg lag still am Ufer des Bodensees, wie ein Geheimnis, das darauf wartete, entdeckt zu werden. Die Gassen waren eng, gepflastert mit altem Stein, und die Häuser lehnten sich aneinander wie alte Freunde. Doch das bemerkenswerteste Gebäude lag etwas abseits, am Rande des Sees – das Haus von Lottes Tante Mathilde.

Lotte hatte das Haus geerbt, nachdem ihre Tante verstorben war. Seit ihrer Kindheit hatte sie das Anwesen mit einer Mischung aus Ehrfurcht und Faszination betrachtet. Das Haus wirkte wie ein Märchenschloss, mit seinen verschachtelten Türmchen, der verblichenen blauen Fassade und den alten, verwitterten Fensterläden. Jeder Raum war anders gestaltet, als hätte ihre Tante aus einer Laune heraus entschieden, Wände in knalligem Pink oder in beruhigendem Grün zu streichen. Überall standen kleine, verspielte Dekorationen – geschnitzte Holzvögel, Spiegel in allen Formen und Größen, und Antiquitäten, die Geschichten zu erzählen schienen.

Lottes ursprünglicher Plan war einfach: Das Haus zu verkaufen. Doch als sie es zum ersten Mal wieder betrat, durchströmte sie ein Gefühl der Vertrautheit und der Verbundenheit. Die Erinnerungen an Kindheitssommer kamen zurück – wie sie am See gespielt, mit ihren kleinen Händen Seerosen gepflückt und sich in den verwinkelten Zimmern versteckt hatte.

Am ersten Abend blieb sie länger als geplant und wanderte durch die alten Räume. Es war, als würde das Haus sie einladen, seine Geheimnisse zu entdecken. Sie fand sich im Arbeitszimmer ihrer Tante wieder, ein Raum, der stets ein wenig düster gewirkt hatte. Ein alter Schreibtisch stand dort, und in der Schublade entdeckte Lotte Notizbücher, dicht beschrieben mit einer feinen, fließenden Handschrift.

Sie begann zu lesen und erfuhr Dinge, die sie nie über ihre Tante gewusst hatte – wie Mathilde in jungen Jahren die Welt bereist hatte, von ihren Träumen und Enttäuschungen, den Freunden, die sie liebte und verlor. Sie las von einem Mann, einem Künstler, der in Mathildes Leben eine große Rolle gespielt hatte. In den Aufzeichnungen spürte Lotte eine unbestimmte Sehnsucht, die sie berührte.

Mit jedem Tag, den sie im Haus verbrachte, wuchs ihre Neugier und ihre Verbundenheit. Sie begann, die verstaubten Räume aufzuräumen, die Fensterläden zu öffnen und frische Luft hereinzulassen. Während sie die Möbel umstellte und die alten Stoffe und Gardinen austauschte, schien das Haus selbst lebendiger zu werden. Der Ort schien zu atmen, als ob er erwachen würde, bereit, seine Geschichte zu erzählen.

Lotte entdeckte kleine Details, die sie vorher nie bemerkt hatte – ein geheimes Fach in der Wand, in dem alte Briefe versteckt waren, oder eine Nische hinter einem Bücherregal, die ein winziges Gemälde ihrer Tante zeigte, lächelnd und jung. Sie erkannte, dass das Haus nicht nur ein Erbe war, sondern auch ein Spiegel ihrer eigenen Seele. Die Erinnerungen, die das Haus bewahrte, halfen ihr, auch sich selbst besser zu verstehen.

Eines Abends, als die Sonne über dem Bodensee unterging und das Licht die Wände in warmen Orangetönen färbte, blieb Lotte vor einem alten Spiegel im Flur stehen. Sie betrachtete ihr eigenes Spiegelbild, aber in diesem Moment sah sie mehr als nur ihr Gesicht. Sie sah ihre Tante, ihre Vorfahren und all jene, die in diesem Haus gelebt und geliebt hatten. Es war, als ob das Haus Geschichten in sich trug, die nur darauf warteten, gehört zu werden.

Ein Gedanke wuchs in ihr heran, still und kraftvoll: Vielleicht sollte sie das Haus nicht verkaufen. Vielleicht war sie hierher zurückgekehrt, um es wieder zum Leben zu erwecken, die alten Mauern mit neuen Erinnerungen zu füllen, und es weiterzuführen, als wäre es ein Teil ihrer selbst.

Und so blieb sie. Sie verbrachte Tage damit, Wände zu streichen, Möbel zu restaurieren und den Garten zu pflegen. Die Menschen in Meersburg beobachteten, wie das alte Haus wieder aufblühte, und als sie hörten, dass Lotte die Besitzerin war, kamen sie zu Besuch. Sie erzählten ihr Geschichten über ihre Tante, über das Haus und die Sommerfeste, die einst dort gefeiert wurden.

Mit der Zeit fühlte sich Lotte immer mehr zuhause. Das Haus war nicht länger nur eine Erbschaft, es war ein Teil ihres eigenen Lebens geworden. Es wurde zum Symbol ihrer eigenen Reise, ihrer Suche nach Wurzeln und Identität. Die Wände, die Fenster, die alten Möbel – alles erinnerte sie daran, dass das Leben ein Gewebe aus Erinnerungen, Geheimnissen und Träumen ist, die sich alle zu einem einzigartigen Ort verbinden können.

The House by the Lake

The small town of Meersburg lay still on the shores of Lake Constance, like a secret waiting to be discovered. The streets were narrow, paved with old stones, and the houses leaned against one another like old friends. Yet the most remarkable building was slightly set apart, at the edge of the lake—Lotte's Aunt Mathilde's house.

Lotte had inherited the house after her aunt passed away. Since childhood, she had regarded the estate with a mix of awe and fascination. The house resembled a fairy-tale castle, with its intricate turrets, faded blue facade, and weathered shutters. Each room was uniquely designed, as if her aunt had whimsically chosen to paint walls in vibrant pink or soothing green. Everywhere were small, playful decorations—carved wooden birds, mirrors of all shapes and sizes, and antiques that seemed to tell stories of their own.

Lotte's original plan was simple: to sell the house. However, as she stepped inside for the first time in years, a feeling of familiarity and connection washed over her. Memories of childhood summers flooded back—how she had played by the lake, plucked water lilies with her small hands, and hidden in the winding rooms.

On her first evening, she lingered longer than intended, wandering through the old rooms. It felt as if the house was inviting her to uncover its secrets. She found herself in her aunt's study, a room that had always seemed a bit somber. An old desk stood there, and in the drawer, Lotte discovered notebooks filled with fine, flowing handwriting.

As she began to read, she learned things she had never known about her aunt—how Mathilde had traveled the world in her youth, her dreams and disappointments, the friends she had loved and lost. She read about a man, an artist, who had played a significant role in Mathilde's life. In the entries, Lotte sensed an indescribable longing that touched her deeply.

With each day spent in the house, her curiosity and connection grew. She started to dust the cobwebbed rooms, open the shutters, and let fresh air in. As she rearranged the furniture and exchanged the old fabrics and curtains, the house seemed to come alive. It felt as though the place was breathing, awakening, ready to share its story.

Lotte discovered small details she had never noticed before—a secret compartment in the wall hiding old letters, or a niche behind a bookshelf that revealed a tiny painting of her aunt, smiling and young. She realized that the house was not merely an inheritance but a reflection of her own soul. The memories preserved within its walls helped her better understand herself.

One evening, as the sun set over Lake Constance, casting warm orange hues against the walls, Lotte paused in front of an old mirror in the hallway. She gazed at her reflection, but in that moment, she saw more than just her face. She saw her aunt, her ancestors, and all those who had lived and loved within this house. It was as if the house contained stories waiting to be heard.

A thought began to blossom within her, quiet yet powerful: perhaps she should not sell the house. Maybe she had returned to revive it, to fill the old walls with new memories, and to carry it forward as if it were a part of herself.

And so she stayed. She spent her days painting walls, restoring furniture, and tending to the garden. The people of Meersburg watched as the old house began to flourish again, and when they learned Lotte was its owner, they came to visit. They shared stories about her aunt, the house, and the summer celebrations that had once been held there.

Over time, Lotte felt more at home. The house was no longer just an inheritance; it had become a part of her life. It became a symbol of her own journey, her search for roots and identity. The walls, the windows, the old furniture—everything reminded her that life is a tapestry of memories, secrets, and dreams, all woven together to create a unique place.

Die Verlorenen Briefe

———

Es war ein kühler Herbstmorgen in Leipzig, und der Himmel war von einem grauen Schleier bedeckt. Herr Weber, ein pensionierter Historiker, schlenderte durch die engen Gassen des Stadtviertels. Seine Schritte führten ihn zu einem kleinen, unscheinbaren Antiquariat, dessen Fenster vollgestopft waren mit alten Büchern, staubigen Bildern und vergilbten Karten.

Der Geruch von altem Papier und vergessenen Geschichten empfing ihn, als er das Geschäft betrat. Er liebte diese stillen Orte, wo die Vergangenheit in den Seiten der Bücher lebte und wo jeder Gegenstand eine Geschichte erzählte. Während er durch die Regale stöberte, fiel sein Blick auf eine kleine Schachtel, die scheinbar achtlos auf einem der Tische lag. Neugierig öffnete er sie und fand darin einen Stapel alter Briefe, sauber gebündelt und in einem verblassten Band zusammengehalten.

Die Briefe stammten aus der Zeit der Weimarer Republik, wie er an den Briefköpfen und den historischen Briefmarken erkennen konnte. Die elegante Handschrift, die die Seiten füllte, schien die Zeit zu überdauern. Die Autorin, eine Frau namens Elise Bauer, schien mit Leidenschaft und Intelligenz zu schreiben, ihre Worte trugen eine Dringlichkeit, die ihn sofort fesselte.

Herr Weber konnte den Laden nicht verlassen, ohne die Briefe zu kaufen. Er brachte sie nach Hause, legte sie behutsam auf seinen Schreibtisch und begann zu lesen. Je mehr er über Elise erfuhr, desto stärker wurde seine Faszination. Sie war eine Journalistin gewesen, die ihre Meinung mutig und unerschrocken in einer Zeit geäußert hatte, in der Frauen in der Öffentlichkeit oft übersehen wurden. Sie schrieb über soziale Gerechtigkeit, über die Rechte der Arbeiter, über Kunst und Kultur. Ihre Worte schienen die Enge der damaligen Zeit zu durchbrechen.

Elises Leben begann vor ihm Gestalt anzunehmen, und er konnte sich das Bild einer jungen, rebellischen Frau vorstellen, die das Leben herausforderte und gleichzeitig von der Last der Zeit, in der sie lebte, bedrückt wurde. Durch die Briefe spürte Herr Weber die tiefe Sehnsucht, die Elise empfand – eine Sehnsucht nach Freiheit, nach Wahrheit und vielleicht auch nach Liebe.

Während er ihre Geschichte Stück für Stück zusammensetzte, musste Herr Weber an seine eigene Vergangenheit denken. Auch er hatte einst Träume und Ambitionen gehabt, die jedoch oft der Realität und den Kompromissen des Lebens zum Opfer gefallen waren. In den Worten dieser fremden Frau fand er eine Art Spiegel, der ihm seine eigene Jugend und seine verpassten Möglichkeiten zeigte.

Die Briefe führten ihn auf eine Reise in die Vergangenheit, nicht nur die von Elise, sondern auch seine eigene. Er erinnerte sich an seine ersten Schritte in die Wissenschaft, an die Momente des Zweifelns und der Begeisterung, an seine Frau, die er damals so leidenschaftlich geliebt hatte, und an die Entscheidungen, die ihn schließlich zu dem Mann gemacht hatten, der er jetzt war.

An einem besonders ruhigen Abend, als das Licht der Dämmerung durch sein Fenster schien, hielt Herr Weber inne. Er ließ Elises letzte Briefe auf seinem Schreibtisch ruhen und blickte hinaus in die Ferne. Die Geschichte dieser Frau, die er nie gekannt hatte, war ihm so vertraut geworden, als sei sie eine alte Freundin. Ihre Worte, die sie vor fast einem Jahrhundert geschrieben hatte, schienen die Grenzen der Zeit zu überwinden, als wollten sie ihm etwas sagen, was er lange vergessen hatte: dass das Leben kurz ist und dass die Zeit, die wir haben, vergänglich ist.

Mit einem leisen Seufzer lehnte er sich zurück und überlegte, was von ihm übrigbleiben würde, wenn er einmal nicht mehr war. Er fragte sich, ob jemand eines Tages seine eigenen Schriften und Erinnerungen finden und seine Geschichte lesen würde. Vielleicht würde ein zukünftiger Leser in seinen Aufzeichnungen dieselbe Sehnsucht und dieselben Zweifel finden, die ihn einst bewegt hatten.

Die Briefe von Elise blieben auf seinem Schreibtisch liegen, ein stilles Zeugnis einer Zeit, die vergangen, aber nicht vergessen war. Er beschloss, sie zu bewahren, vielleicht für jemanden, der eines Tages ihre Bedeutung erkennen würde. Denn auch wenn die Worte im Laufe der Jahre verblassten, so blieben doch die Erinnerungen, die Geschichten und die Träume, die sie trugen, bestehen – wie ein leises Echo durch die Ewigkeit.

The Lost Letters

It was a cool autumn morning in Leipzig, and the sky was covered with a gray veil. Mr. Weber, a retired historian, wandered through the narrow streets of the neighborhood. His steps led him to a small, inconspicuous antiquarian bookshop, its windows crammed with old books, dusty pictures, and yellowed maps.

The scent of old paper and forgotten stories welcomed him as he entered the shop. He loved these quiet places, where the past lived within the pages of the books, and where every object told a story. As he rummaged through the shelves, his eyes fell upon a small box seemingly carelessly placed on one of the tables. Curious, he opened it and found a stack of old letters, neatly bundled together and held with a faded ribbon.

The letters were from the time of the Weimar Republic, as he could tell from the letterheads and the historical stamps. The elegant handwriting filling the pages seemed to transcend time. The author, a woman named Elise Bauer, appeared to write with passion and intelligence; her words carried an urgency that captivated him immediately.

Mr. Weber could not leave the shop without purchasing the letters. He took them home, carefully placed them on his desk, and began to read. The more he learned about Elise, the stronger his fascination grew. She had been a journalist, expressing her opinions boldly and fearlessly at a time when women were often overlooked in public life. She wrote about social justice, workers' rights, art, and culture. Her words seemed to break through the constraints of her era.

Elise's life began to take shape before him, and he could envision the image of a young, rebellious woman who challenged life while simultaneously burdened by the weight of her time. Through the letters, Mr. Weber felt the deep longing that Elise experienced—a yearning for freedom, for truth, and perhaps for love.

As he pieced together her story bit by bit, Mr. Weber couldn't help but think of his own past. He, too, had once harbored dreams and ambitions that had often fallen victim to the realities and compromises of life. In the words of this unfamiliar woman, he found a kind of mirror reflecting his own youth and missed opportunities.

The letters took him on a journey into the past, not only Elise's but his own as well. He remembered his first steps into academia, the moments of doubt and excitement, and his wife, whom he had passionately loved, along with the choices that had ultimately shaped him into the man he was now.

On one particularly quiet evening, as the twilight light streamed through his window, Mr. Weber paused. He let Elise's final letters rest on his desk and gazed out into the distance. The story of this woman he had never known had become so familiar to him, as if she were an old friend. Her words, written nearly a century ago, seemed to transcend the boundaries of time, as if they wanted to tell him something he had long forgotten: that life is brief and that the time we have is fleeting.

With a soft sigh, he leaned back and pondered what would remain of him once he was no longer here. He wondered if someone would one day find his own writings and memories and read his story. Perhaps a future reader would find in his accounts the same yearning and doubts that had once moved him.

Elise's letters remained on his desk, a silent testament to a time that had passed but not been forgotten. He decided to preserve them, perhaps for someone who would one day recognize their significance. For although the words might fade over the years, the memories, stories, and dreams they carried would persist—like a quiet echo through eternity.

Der Wächter des Lichts

Die kleine Insel in der Nordsee war für ihre rauen Stürme und endlosen Winter bekannt, aber auch für ihren einsamen Leuchtturm, der seit Jahrzehnten treu über das Meer wachte. Der Leuchtturmwärter Hans Schäfer, nun im Ruhestand, war fast schon eine Legende unter den wenigen Bewohnern der Insel. Er war alt geworden, sein Gesicht vom Wind gezeichnet, seine Augen so klar und tief wie die See selbst.

Eines frühen Herbsttages, als die ersten Nebelschwaden über die Klippen krochen, trat eine junge Frau auf die Insel. Klara, eine Journalistin aus Hamburg, war neugierig und voller Enthusiasmus. Sie hatte von Hans gehört und kam, um seine Geschichten zu sammeln, Geschichten von Sturmfluten und Einsamkeit, Geschichten, die das Geheimnis der Insel in sich trugen.

Hans war zunächst skeptisch. Er war ein Mann der Stille, der mit den Wellen und den Vögeln sprach und der sich selten nach Gesellschaft sehnte. Doch etwas in Klaras Wesen – vielleicht ihre Begeisterung oder die Art, wie sie ihm aufmerksam zuhörte – ließ ihn nach und nach seine Vorsicht ablegen. Er begann, ihr von seiner Zeit als Leuchtturmwärter zu erzählen, von den langen Nächten, in denen das Meer tosend gegen die Felsen schlug, und von den stillen Morgenstunden, wenn der Ozean ruhig wie ein Spiegel lag.

Klara war fasziniert. Sie zeichnete seine Worte auf, als wären sie von unschätzbarem Wert. Für sie verkörperte Hans eine vergangene Zeit, eine Zeit der Stille und des Respekts vor der Natur. Doch je mehr sie sich ihm näherte, desto mehr spürte sie, dass es eine Geschichte gab, die er zurückhielt, ein Geheimnis, das tief in seiner Seele verborgen war.

An einem kühlen Abend saßen die beiden zusammen im Leuchtturm, der nun als Museum diente. Das schwache Licht der untergehenden Sonne fiel durch die Fenster und tauchte den Raum in ein sanftes, goldenes Licht. Klara sah ihn an und fragte sanft: „Hans, gibt es etwas, das du mir noch nicht erzählt hast? Etwas, das du vielleicht lieber für dich behalten würdest?"

Hans schwieg, seine Augen auf die fernen Wellen gerichtet. Dann begann er leise zu sprechen, als würde er sich selbst noch einmal alles vergegenwärtigen. „Vor vielen Jahren, während eines gewaltigen Sturms, sah ich etwas... etwas, das ich nie vergessen konnte. Ein kleines Boot trieb in der Nähe der Klippen. Ich konnte niemanden sehen, aber ich hörte ein Kind weinen. Die Wellen waren zu stark, und ich konnte nichts tun."

Er hielt inne, die Erinnerung schien ihn zu überwältigen. „Am nächsten Morgen, als das Meer sich beruhigt hatte, fand ich das Boot. Es war leer. Keiner auf der Insel wusste, woher es gekommen war oder wem es gehört hatte. Seitdem lässt mich das Bild dieses Bootes nicht mehr los."

Klara schwieg, ergriffen von seiner Geschichte. In dieser stillen, einsamen Erinnerung erkannte sie die Schwere, die Hans all die Jahre mit sich getragen hatte. Sie verstand, warum er sich in den

Leuchtturm zurückgezogen hatte, in ein Leben, das ihm Schutz und Geborgenheit bot.

„Vielleicht," flüsterte sie, „sind die Geschichten, die wir bewahren, nicht nur Erinnerungen, sondern auch ein Weg, das zu verstehen, was uns geformt hat. Und manchmal bringen sie uns den Frieden, den wir suchen."

Hans sah sie an und ein sanftes Lächeln spielte um seine Lippen. In Klaras Anwesenheit spürte er, wie die Last der vergangenen Jahre ein wenig leichter wurde. Sie war wie ein Licht in seinem Leben, das ihm half, die Dunkelheit seiner Erinnerungen zu erhellen.

In den folgenden Tagen erzählte er ihr mehr über sein Leben, über die vielen einsamen Stunden im Leuchtturm, die Freundschaften mit den wenigen Inselbewohnern und seine tiefe Verbundenheit zur See. Er erkannte, dass Klaras Interesse nicht nur der Geschichte, sondern auch ihm selbst galt – einem alten Mann, der wie ein Wächter zwischen den Zeiten stand, fest verwurzelt in der Vergangenheit, aber dennoch vom gegenwärtigen Moment berührt.

Am Ende ihres Besuchs war Klara voller Aufzeichnungen und Eindrücke. Doch mehr als das hatte sie das Gefühl, einen Teil von Hans mit sich zu nehmen, ein Stück seiner Welt und seiner Weisheit. Als sie Abschied nahm, drückte er ihr fest die Hand und sagte mit leiser Stimme: „Danke, Klara. Du hast mir mehr gegeben, als ich dir je erzählen konnte."

Klara lächelte, wissend, dass die Begegnung mit Hans sie ebenfalls verändert hatte. Sie versprach, seine Geschichten zu bewahren, und kehrte in die Welt zurück, die so anders war als die Stille der Insel.

Hans blieb zurück, aber das Gefühl der Einsamkeit hatte sich gewandelt. Klaras Besuch hatte ihm gezeigt, dass seine Geschichte nicht verloren gehen würde, dass jemand sein Leben mit all seinen Geheimnissen und Erinnerungen weitertragen würde. Und so saß er abends oft wieder an der Küste, lauschte den Wellen und lächelte leise, wissend, dass die Vergangenheit und die Gegenwart in Frieden miteinander verwoben waren.

The Keeper of the Light

The small island in the North Sea was known for its harsh storms and endless winters, but also for its solitary lighthouse, which had faithfully watched over the sea for decades. Hans Schäfer, the lighthouse keeper, now retired, had become something of a legend among the few residents of the island. He had grown old, his face etched by the wind, his eyes as clear and deep as the sea itself.

On a crisp autumn day, as the first tendrils of fog crept over the cliffs, a young woman stepped onto the island. Klara, a journalist from Hamburg, was curious and full of enthusiasm. She had heard tales of Hans and had come to collect his stories—stories of storm surges and solitude, tales that held the island's mysteries within them.

At first, Hans was skeptical. He was a man of silence, one who spoke to the waves and the birds, rarely seeking companionship. Yet something about Klara's presence—perhaps her eagerness or the way she listened so intently—gradually encouraged him to lower his guard. He began to share with her his experiences as a lighthouse keeper: the long nights when the sea crashed violently against the rocks and the tranquil mornings when the ocean lay still like a mirror.

Klara was captivated. She recorded his words as if they were treasures. To her, Hans embodied a bygone era, a time marked by silence and reverence for nature. However, the closer she drew to him, the more she sensed that there was a story he held back, a secret buried deep within his soul.

On a cool evening, they sat together in the lighthouse, which now served as a museum. The soft light of the setting sun streamed through the windows, casting a gentle golden glow across the room. Klara looked at him and gently asked, "Hans, is there something you haven't told me? Something you might prefer to keep to yourself?"

Hans fell silent, his gaze fixed on the distant waves. Then, he began to speak softly, as if recollecting something he had buried long ago. "Many years ago, during a fierce storm, I saw something... something I could never forget. A small boat was drifting near the cliffs. I couldn't see anyone aboard, but I heard a child crying. The waves were too strong, and I could do nothing."

He paused, the memory seeming to overwhelm him. "The next morning, when the sea calmed, I found the boat. It was empty. No one on the island knew where it had come from or to whom it belonged. Since then, the image of that boat has haunted me."

Klara remained silent, moved by his story. In this quiet, lonely memory, she recognized the weight that Hans had carried all those years. She understood why he had retreated to the lighthouse, to a life that offered him shelter and security.

"Perhaps," she whispered, "the stories we hold onto are not just memories, but also a way to understand what has shaped us. And sometimes they bring us the peace we seek."

Hans looked at her, and a gentle smile played on his lips. In Klara's presence, he felt the burden of the past become a little lighter. She was like a light in his life, helping him illuminate the darkness of his memories.

In the following days, he shared more about his life—about the many lonely hours spent in the lighthouse, the friendships with the few islanders, and his deep connection to the sea. He realized that Klara's interest was not just in the stories but also in him—a man standing like a guardian between the times, firmly rooted in the past yet touched by the present moment.

By the end of her visit, Klara was filled with notes and impressions. But more than that, she felt she was taking a part of Hans with her, a piece of his world and his wisdom. When it was time to say goodbye, he grasped her hand firmly and said quietly, "Thank you, Klara. You have given me more than I could ever tell you."

Klara smiled, knowing that her encounter with Hans had changed her as well. She promised to preserve his stories and returned to a world so different from the silence of the island.

Hans remained behind, but the feeling of loneliness had transformed. Klara's visit had shown him that his story would not be lost, that someone would carry his life—its secrets and memories—forward. And so, he often found himself sitting by the coast in the evenings, listening to the waves and smiling softly, aware that the past and present were woven together in peace.

Der Klang der Straßenmusik

In der lebhaften Stadt Heidelberg, wo die sanften Hügel des Neckartals auf die verwinkelten Gassen der Altstadt treffen, verbringt Jakob fast jeden Tag damit, durch die Straßen zu schlendern. Er ist ein ehemaliger Musiklehrer, inzwischen im Ruhestand, und seit er die Schule hinter sich gelassen hat, lässt ihn die Musik auf neue Weise nicht mehr los. Besonders angezogen fühlt er sich von den Straßenmusikern, die an jeder Ecke stehen und die Luft mit ihren Melodien füllen. Gelegentlich bleibt er stehen, lauscht ein wenig und wechselt ein paar Worte mit den Musikern. Es ist seine Art, die Stadt und die Menschen zu erleben.

Eines Tages hört er eine Melodie, die ihm tief unter die Haut geht. Es ist eine melancholische Melodie, gespielt auf einer Violine, und sie scheint förmlich in der Luft zu schweben. Jakob folgt der Musik und entdeckt am Ufer des Neckars eine junge Frau, die ihr Instrument spielt. Sie hat dunkle, lockige Haare und einen konzentrierten Ausdruck im Gesicht, während sie den Bogen über die Saiten gleiten lässt. Die Klänge, die sie erzeugt, sind wie ein Echo der fernen Berge Anatoliens.

Jakob tritt näher und wartet, bis die Melodie zu Ende ist, bevor er sie anspricht. „Wunderschön gespielt,“ sagt er leise, um sie nicht zu erschrecken.

Die junge Frau schaut auf und lächelt verlegen. „Danke,“ murmelt sie mit einem leichten Akzent. Sie stellt sich als Leila vor, und schnell finden die beiden ins Gespräch. Jakob erfährt, dass Leila aus der Türkei stammt und erst vor kurzem nach Deutschland gekommen ist. Sie spielt auf der Straße, um sich über Wasser zu halten und um ein wenig Freude in den Alltag der Menschen zu bringen, erzählt sie ihm.

„Die Stadt kann manchmal einsam sein," gibt sie zu. „Die Leute sind freundlich, aber... es ist anders hier. Ich versuche, meinen Platz zu finden."

Jakob nickt verständnisvoll. „Auch ich musste lernen, wie sich die Dinge verändern, wenn man seinen Lebensrhythmus anpasst. Früher hatte ich eine Klasse voller Schüler, und jetzt..." Er lacht leise. „Jetzt verbringe ich meine Tage damit, die Musik in den Straßen zu suchen."

Von diesem Tag an treffen sie sich regelmäßig am Fluss. Leila bringt ihre Geige mit, und Jakob kommt oft mit einer alten Mundharmonika oder einem Notenbuch. Sie erzählen einander von ihren Leben: Leila spricht über ihre Familie in der Türkei, über das Heimweh und die Herausforderung, sich in einem fremden Land zu behaupten. Jakob teilt Geschichten aus seiner Vergangenheit, von seiner Arbeit als Musiklehrer und von den Liedern, die er als Kind von seinen Großeltern gelernt hatte.

„Kennst du deutsche Volkslieder?" fragt Jakob eines Tages und zückt ein Notenblatt. „Hier, lass uns dieses probieren."

Leila blickt auf die Noten und nickt zögerlich. Jakob beginnt, ihr die Melodie beizubringen, und schon bald schwebt ein traditionelles deutsches Volkslied über den Neckar. Doch Leila fügt ihrer Interpretation einen eigenen Hauch hinzu – eine Note der Melancholie und Wärme, die an ihre türkischen Wurzeln erinnert. Nach und nach verweben sie deutsche und türkische Klänge zu einem einzigartigen Musikstück, das wie ein Dialog zwischen ihren Kulturen klingt.

Es dauert nicht lange, bis Menschen stehen bleiben und ihnen zuhören. Die Mischung aus den traditionellen deutschen und türkischen Melodien zieht Einheimische und Touristen gleichermaßen in ihren Bann. Die Klänge erzählen von einer Freundschaft, die Grenzen überschreitet und Brücken zwischen Kulturen baut. Jakob und Leila lächeln sich an, dankbar für die Musik, die sie verbindet.

Eines Abends, während sie gemeinsam spielen, hält Leila inne und sagt: „Weißt du, Jakob, ich glaube, ich habe endlich meinen Platz gefunden." Jakob lächelt und nickt, in dem Wissen, dass auch er in dieser Freundschaft etwas gefunden hat, das ihm gefehlt hat.

„Die Musik", sagt er leise, „ist eine Sprache, die wir alle verstehen."

The Sound of Street Music

In the lively city of Heidelberg, where the gentle hills of the Neckar Valley meet the winding alleys of the old town, Jakob spends almost every day wandering through the streets. He is a retired music teacher, and since he left the school behind, music has clung to him in a new way. He feels especially drawn to the street musicians who stand on every corner, filling the air with their melodies. Now and then, he stops to listen and exchanges a few words with the musicians. It's his way of experiencing the city and its people.

One day, he hears a melody that touches him deeply. It's a melancholic tune, played on a violin, hovering almost magically in the air. Jakob follows the sound and discovers a young woman playing her instrument by the riverbank. She has dark, curly hair and a focused expression as her bow glides over the strings. The sounds she creates are like echoes from the distant Anatolian mountains.

Jakob steps closer and waits until the melody ends before speaking to her. "Beautifully played," he says softly, careful not to startle her.

The young woman looks up and smiles shyly. "Thank you," she murmurs with a slight accent. She introduces herself as Leila, and soon they find themselves in conversation. Jakob learns that Leila is from Turkey and has only recently come to Germany. She plays on the street to make ends meet and to bring a little joy to people's daily lives, she tells him.

"The city can be lonely sometimes," she admits. "People are friendly, but... it's different here. I'm trying to find my place."

Jakob nods with understanding. "I, too, had to learn how things change when you adjust your rhythm of life. I used to have a classroom full of students, and now..." He laughs softly. "Now I spend my days searching for music in the streets."

From that day on, they meet regularly by the river. Leila brings her violin, and Jakob often brings an old harmonica or a songbook. They share stories of their lives: Leila talks about her family in Turkey, about homesickness, and the challenge of making her way in a foreign country. Jakob shares tales from his past, from his work as a music teacher, and about the songs his grandparents taught him as a child.

"Do you know any German folk songs?" Jakob asks one day, pulling out a sheet of music. "Here, let's try this one."

Leila looks at the notes and nods hesitantly. Jakob starts teaching her the melody, and soon a traditional German folk tune drifts over the Neckar. But Leila adds her own touch to the piece—a hint of melancholy and warmth that reflects her Turkish roots. Bit by bit, they weave German and Turkish sounds into a unique piece of music, a conversation between their cultures.

It doesn't take long for people to stop and listen. The blend of traditional German and Turkish melodies captivates locals and tourists alike. The sounds tell the story of a friendship that crosses boundaries and builds bridges between cultures. Jakob and Leila smile at each other, grateful for the music that unites them.

One evening, as they play together, Leila pauses and says, "You know, Jakob, I think I've finally found my place." Jakob smiles and nods, knowing that he, too, has found something he was missing in this friendship.

"Music," he says softly, "is a language we all understand."

9 798227 776679